ENQUÊTE

SUR

LA POLITIQUE

DES DEUX MINISTÈRES.

ENQUÊTE

SUR

LA POLITIQUE

DES DEUX MINISTÈRES.

PAR M. DE BALZAC,

ÉLECTEUR-ÉLIGIBLE.

PRIX : 2 FRANCS.

PARIS.

A. LEVAVASSEUR, ÉDITEUR,

AU PALAIS-ROYAL.

AVRIL 1831.

IMPRIMERIE DE A. BARBIER, RUE DES MARAIS S.-G., N. 17.

INTRODUCTION.

La révolution de juillet a complètement changé la nature des rapports qui existaient entre le pouvoir et le peuple, entre les gouvernans et les gouvernés. Le premier juillet 1830, nous étions les sujets d'un roi; le 30, nous étions tous citoyens; la veille, nous n'étions qu'un peuple; le lendemain, une nation.

Au lieu d'être une espèce de délégation divine, un mensonge plus ou moins heureux, la royauté procéda, comme par le passé, d'un mandat donné par la nation à un homme, à une famille; et le pouvoir suprême fut relégué dans une haute sphère inaccessible aux passions, en dehors des luttes politiques, où il représente un pays, et non plus seulement une dynastie. Au lieu d'être mesquinement octroyés, nos droits furent proclamés, acceptés.

Sans examiner ici quel système est préférable, de celui qui rattache un peuple à un homme, ou un homme à une nation; de celui qui laisse aux citoyens la faculté de déchirer le pacte social aussitôt qu'ils soupçonnent leur co-sociétaire de trahison, ou de celui qui consacre une sorte de mariage indissoluble entre une famille et un pays;

Sans rechercher enfin, si le despotisme est plus

intéressé que la liberté à maintenir un État dans une situation prospère et à en régler les progrès; controverses interminables;

Nous accepterons la révolution de juillet comme un fait, et nous essaierons de constater, non quels devaient être, mais quels furent les effets produits par ce mouvement, sur notre système politique intérieur ou extérieur.

Une fois lancé dans la sphère d'un gouvernement, un fait y agit comme une pierre jetée au milieu d'un bassin. Il doit déplacer un volume d'intérêts, égal à son importance. L'agitation qu'il cause va, se reproduisant du centre aux extrémités, du milieu vers tous les points du cercle. Or, la science politique consiste précisément à régler les élans imprimés aux hommes par la marche d'un siècle, d'une idée, ou par un événement, et à les rendre profitables aux intérêts d'un pays.

Comprimer un mouvement d'hommes ou d'idées sans y rien substituer, est une œuvre de démence. S'est-il jamais rencontré de génie plus fort qu'une secousse humaine? Si les grands hommes sont la providence des révolutions, c'est qu'ils nous en expriment la pensée et se produisent moins comme des hommes que comme des systèmes. Ils rattachent à une idée d'ordre tout un monde lancé au pas de course, et le mènent à un but. Nous avons tous instinctivement senti que Juillet a manqué d'un homme; et ce fut, comme nous l'avons dit ailleurs, une grande révolution tombée entre de petites mains.

Nous nous proposons donc, d'examiner les ondulations que le mouvement de 1830 a fait subir à notre système gouvernemental, de suivre pied, à pied, les actes du pouvoir, afin de rechercher froidement et sans passion, s'il a obéi à son nouveau mandat; s'il a eu un plan, une politique, une conduite en harmonie avec les principes qui l'avaient engendré; s'il a enfin accompli ses devoirs de gouvernement. Après neuf mois de portée, il est temps de citer ses œuvres à la barre du pays.

Et d'abord, établissons ici, sans le fatras diplomatique, les bases réelles des grandes questions populaires.

Une nation ne connaît pas d'autre loi que son *intérêt*. En vain les écrivains feront-ils des *droits publics*, les traités sont des contrats sur lesquels les peuples plaident aussitôt qu'ils en reçoivent un dommage quelconque, et leur tribunal est le champ de bataille; le juge souverain, la victoire. Il y a des momens de repos; et alors, ils transigent et signent des armistices comme, entre les particuliers, il y a des *remises à quinzaine*. Là, est le secret des ambassades, et tout le droit public est dans ce peu de mots : l'Angleterre n'en connaît point d'autre.

Or, une nation ne saurait avoir que deux intérêts. Un intérêt de sécurité, assez semblable à celui qui porte un propriétaire à se clore pour pouvoir dormir en paix; puis, un intérêt financier qui, par une pente de notre nature, le pousse sans cesse à améliorer son bien-être.

De ces deux intérêts, naissent deux sortes de guerres.

La guerre faite pour assurer l'indépendance ou la sécurité du territoire, soit qu'il s'agisse d'empêcher les peuples voisins de le surprendre et de l'envahir; soit qu'il faille se soustraire au joug ma tériel ou moral de l'étranger.

Enfin, la guerre entreprise pour des intérêts pé-cuniaires, soit qu'un autre peuple mette des entraves aux développemens du commerce national, le blesse dans ses conquêtes ou lui interdise des exploitations communes à tous les états.

En deux mots, les nations ont à défendre leur existence, leurs libertés ou leur bourse. Quant à l'honneur, nous n'admettons pas qu'un pays puisse en insulter un autre.

Or, le but de la révolution de juillet ayant incontestablement été de rendre à la nation française son libre arbitre comme à un homme qui, de captif et de gêné, devient maître de ses mouvemens; de la mettre en possession d'elle-même, et de faire triompher les principes de 1789; le pouvoir nouveau, qui succédait à un pouvoir accusé de connivence avec les étrangers ou taxé de faiblesse, ne devait-il pas examiner, avant de faire un seul acte, si le double intérêt de la France possédait toutes les garanties nécessaires à sa sécurité? Au moment où un homme et une nation s'emparent d'une position, l'instinct exige qu'ils jetent un regard de défiance autour d'eux, afin de savoir s'ils y sont en sûreté.

Le lendemain du jour où, tout en hâte, cent et quelques députés baptisèrent un roi dans le sang de Juillet, toutes les questions soulevées par la révolution se rattachèrent malheureusement à l'existence de ce trône bâti avec les débris de celui que le peuple venait de démolir. Il y eut à satisfaire à deux égoïsmes, celui du peuple et celui d'un trône, à deux existences, à deux intérêts. Il fallait faire *reconnaître* un monarque dans la famille des rois européens, tandis que le peuple n'avait pas à quêter de *légitimations* diplomatiques.

Conseillers, peuple et roi se trouvèrent entre trois chemins.

Il y eut sans doute un homme énergique, nous aimons à le croire, qui se leva, prit une carte d'Europe et la déploya. Or, cette seule action, muette et simple, était déjà tout un système.

La délimitation fixée par la nature à notre *langue*, pour nous servir d'un vieux mot, est chose populaire. A l'aspect de l'Europe, qui ne nous assignerait pas pour frontières, les Pyrénées, les deux mers, les Alpes et le Rhin? Tout ce bassin est France, la Savoie est France, la Belgique et les bords du Rhin sont France. Dans ce vaste carré, toute langue, tout cœur, toute science, tout génie est Français.

Entre ces quatre murs de montagnes et d'eau, nous sommes complets, comme pays; clos par des haies; chez nous, en sûreté comme l'Angleterre avec ses falaises. C'est notre île à nous, où nulle puissance autre que le coq gaulois ne doit pénétrer, ne peut crier sa loi.

La première question, selon cet homme d'état, était donc celle-ci :

Les Français acceptent-ils aujourd'hui les traités de 1814-1815, ou les doivent-ils déchirer avec une épée? Demanderont-ils à l'Europe de reconnaître les traités tout aussi sacrés que ceux de 1815, en vertu desquels la République et l'Empire leur avaient donné les limites du Rhin et des Alpes, ou laisseront-ils l'Allemagne et la Russie avoir des têtes de pont pour déboucher à leur fantaisie sur Paris en trois journées?

Cet homme aurait alors fait observer que les puissances signataires de la sainte-alliance, étant les ennemies implacables de tout système tendant à faire représenter un peuple par une assemblée, ne pardonneraient point à la France sa dernière révolution , et qu'il s'agissait entre elle et le continent d'une guerre inévitable, où, pour la seconde fois , les principes de 1789 allaient entrer en lutte avec les gouvernemens absolus.

Cet homme aurait donc indiqué le plus périlleux des trois chemins dans le carrefour politique, mais il eût proclamé du moins un système complet, large et franc.

Un autre aura, sans doute, plaidé pour la paix. En effet, le parti pris de faire la guerre entraînait une reconstitution complète du système républicain. Or, dans ce grand mouvement, la royauté nouvelle pouvait périr comme en 1793. Un jeune trône grandirait-il au milieu des orages? La révolution de juillet n'était qu'un retour à l'ordre légal. Elle avait seulement eu pour but de déplacer la couronne et de modifier notre système intérieur. En voyant les traités de 1814-1815 acceptés par la nouvelle dynastie, l'Europe et l'Angleterre, qui répugnaient à une guerre, reconnaîtraient le souverain récemment élu. En restant enfin dans les termes de la restauration, dans les lois, dans le gouvernement de la restauration, mais franchement exécutés, la France et les puissances étrangères seraient également satisfaites. Paris n'avait combattu que pour faire de la Charte un contrat synallagmatique, et ce pacte venait d'être signé.

Ces raisonnemens contenaient encore un système loyal, un plan politique assis sur une logique nationale, et qui répondait au vœu d'une grande portion de la France. C'était entrer dans un chemin et suivre une ligne dont tout le monde eût compris le terme.

Le parti de la paix et le parti de la guerre répondaient à de grandes sympathies, et chacun de ces termes du problème politique, posé par les événemens de juillet, constituait un système de gouvernement auquel la France entière se serait rattachée, parce que, dans l'un ou l'autre plan, il y avait une pensée féconde.

Restait maintenant une situation mixte et bâtarde, une troisième route.

Supposez un homme, espèce d'athée en fait de gouvernement, qui eût proposé d'essayer d'une politique double, de ménager l'élan national, et de louvoyer entre le parti de la guerre et celui de la paix. C'était moins un système que l'absence de tout système; c'était s'abandonner au gré des vents, sans ramer dans aucun sens; c'était accepter tous les embarras politiques des deux systèmes précédens sans en recueillir les avantages.

Au mois d'août 1830, le cabinet français n'avait que ces trois manières d'être; et, soit qu'il adoptât l'une de ces trois politiques, qu'il marchât dans l'une de ces voies, notre gouvernement devait, sous peine de grands malheurs, obéir à toutes les exigeances de son thème, mettre de l'unité dans sa marche, et rapporter tous ses actes au système qu'il aurait épousé.

Le plan que nous nous proposons dans cette enquête ne nous oblige point à publier notre pensée sur ces trois modifications capitales qui dominent encore si déplorablement notre politique. Nous voulons seulement développer l'ensemble de mesures que nécessitait chacune de ces formules de gouvernement; puis, en y adaptant successivement les actes émanés des différens ministères qui se sont succédés en France depuis le mois d'août, examiner si nous avons été dirigés vers un but, si les lois et les opérations de notre cabinet présentent un sens rationnel et peuvent se rattacher à une pensée quelconque.

Ceux qui s'intéressent encore assez à leur pays pour chercher à savoir s'il est ou non *gouverné* porteront eux-mêmes l'arrêt, et jugeront de notre impartialité.

D'ici à quelques jours, une masse immense d'électeurs est appelée à prononcer sur les hommes qui sont à la tête des affaires; alors, pour eux, cette enquête sera une espèce de rapport sans passion où les faits auront leur langage; les choses, leur éloquence; et le grand verdict sera dans les urnes électorales.

Naturellement notre ouvrage se divise en trois parties. Dans la première, nous examinerons ce que le gouvernement aurait dû faire pour soutenir la guerre; dans la seconde, comment il aurait pu maintenir la paix, et nous terminerons en analysant les résultats du parti mixte.

Ces trois pensées politiques ont été exprimées par les mots de *mouvement*, de *résistance* et de *juste milieu*, et nous les prenons moins à cause de leur justesse qu'à cause de leur popularité.

§ II.

DU MOUVEMENT.

Un homme d'état, si, parmi les gens dévoués qui crurent devoir rester sur les banquettes de la Chambre, il s'en fût trouvé de prêt pour la large politique du mouvement, aurait sans doute considéré les journées de juillet comme une véritable révolution. Alors il l'eût adoptée aussitôt, parce que rien ne saurait arrêter un mouvement social; puis, il en aurait promptement inoculé les principes à son gouvernement, car il est absurde de vouloir consommer un changement politique sans se servir des moyens qui l'ont amené.

Or, quelles furent les causes de la révolution de juillet?... Une nation entière ne chasse pas ses rois, ne les voit point passer avec insouciance, sans qu'elle n'ait été, long-temps à l'avance, préparée à ce grand divorce.

La France voulait reconquérir son indépendance nationale.

Elle sentait la nécessité d'avoir une assemblée législative qui sympathisât avec elle, qui fût l'expression exacte de ses idées, de ses besoins, de ses progrès, et qui représentât toutes ses forces: pensée, industrie, commerce, territoire; car aujourd'hui la

pensée et l'industrie sont aussi fécondes que le territoire. La terre et l'industrie produisent également
le budget, et l'intelligence est désormais le souverain moteur de nos deux grandes exploitations hu-
maines : le commerce et l'agriculture.

La France désirait obéir à une puissance intelligente comme elle.

L'indépendance et la réalité de la représentation
nationale, afin de reprendre notre attitude en Europe et de nous gouverner selon les lois faites par
des pouvoirs qui ne fussent pas mensongers et traî-
tres, voilà les deux mobiles des dévouemens de
Juillet!.... L'élection d'un roi fut une pensée secon-
daire. Si, tout à coup, Paris et la France se tour-
nèrent spontanément vers Neuilly, c'était pour dres-
ser un étendard, pour produire une expression
plus vive, plus éloquente, une et facile à comprendre, de notre vœu national. Louis-Philippe re-
présentait beaucoup d'espérances, et il avait la gloire
de porter mieux qu'une couronne, il était le symbole de nos libertés.

En jugeant ainsi la révolution de juillet, un ministère, qui aurait voulu en diriger le mouvement y
eût d'abord obéi. Alors il eût planté tout à coup la nouvelle dynastie au cœur de la nation, en la rattachant
à quelque soudain triomphe. Il fallait saisir aussitôt
le corps social au moment de sa fièvre; prendre
la France encore toute pantelante de sa lutte, vi-
vante, tendue; animer le jeu de ses ressorts, fouet-
ter le sang bouillant de ses veines; ne pas crier à
la désorganisation pour ne la laisser apercevoir à
personne. En arborant le drapeau tricolore sur les
cimes de Paris, n'était-ce pas le faire flotter sur les
cimes des Alpes, aux bords du Rhin?....

Et alors, la France, comme plus tard osa la Pologne, devait tout à coup publier un manifeste qui mît en pièces les traités de 1814-1815, crier le mot magique de liberté, et appeler aux armes la Belgique, l'Italie et la Pologne.

Par cette grande proclamation, le cabinet du Palais-Royal aurait demandé pour la France ses frontières naturelles, et réclamé pour la Prusse un territoire plus large, en exigeant qu'elle eût sa gauche adossée à la mer et sa droite au Danube. Il eût ordonné de rétablir le royaume de Pologne tel qu'il était avant son partage de honteuse mémoire; il eût proposé de donner aux états confédérés les territoires laissés au-delà du Rhin par la Prusse; de rendre à l'Italie sa nationalité, de lui permettre enfin d'être à elle-même.

Notre cabinet aurait eu la gloire de poser dans ce manifeste les bornes que l'avenir destine aux états européens pour faire vivre un jour en paix la grande famille continentale dont tous les efforts tendent à je ne sais quel mystère de civilisation. Ç'eût été faire reluire un reflet des pensées de Napoléon sur la France, et s'envelopper dans son manteau, non d'Austerlitz, mais de Marengo. Ç'eût été reprendre noblement notre rôle d'arbitre en Europe, nous assurer contre la Russie de deux gardes avancées dans la Prusse et la Pologne, et presser la maison d'Autriche entre nous et ces deux puissances, continuant ainsi les projets de Richelieu et de Napoléon, les deux seuls hommes, à seconde vue, qui aient réellement dominé la politique des temps modernes.

Les événemens ont prouvé qu'un manifeste, ainsi rédigé au mois d'août, eût trouvé des sympathies en Europe, et que les peuples eussent adopté cette fois l'évangile de la France. Jamais ils ne seraient venus fondre sur Paris; car cette guerre n'eût point été menaçante pour les territoires, et personne ne nous eût trouvés ambitieux à réclamer nos frontières. Le manifeste était un congrès tout fait, une sorte de protocole populaire, l'équilibre réel de l'Europe.

Et le jour même où ce code politique aurait été publié, au moment, où tout était élan et enthousiasme en France, il fallait venir à la Chambre transitoire qui avait pris sur elle de faire un roi et une Charte, y apportant un budget, une loi d'emprunt, puis une brève et provisoire législation pour de nouvelles élections.

Un gouvernement aussi nationalement énergique eût été compris, parce qu'il répondait à tous les vœux du moment et conciliait les devoirs imposés par la nécessité avec les exigeances de la légalité. La Chambre eût voté de confiance le budget, l'emprunt et la loi d'élection, parce que le budget et l'emprunt eussent été employés en présence d'une Chambre nouvelle, bientôt nommée, armée de pouvoirs en quelque sorte plus étendus, investie du prestige de l'opinion publique, et dont enfin les actes n'eussent point été soupçonnés. Les révolutions modernes auront désormais leurs sources dans les assemblées qui ne représenteront pas fidèlement une nation.

Alors, les élections eussent converti le mouvement matériel de la révolution de juillet en un mouvement légal. Il n'y aurait pas eu de colléges par les rues, parce qu'il y aurait eu des émeutes électorales. La fièvre eût continué dans une région intellecuelle, eût abouti à une haute pensée d'ordre. Elle se fût résolue par un espoir unanime, et au lieu de faire tout attendre du ministère et de laisser accuser le pouvoir de lenteur, les citoyens eussent tout espéré d'eux-mêmes : ni le gouvernement, ni le peuple ne se seraient démoralisés.

L'emprunt se serait fait presqu'au pair; car en ce moment les fonds n'avaient point encore baissé, et tous les capitalistes étaient fortement intéressés à maintenir le *statu quo* de la rente. D'ailleurs, aucune cause n'eût été donnée à la détresse, à la panique, au découragement extraordinaire enfantés par l'incapacité des ministres. L'emprunt et le budget votés eussent mis aux mains du gouvernement tous les fonds nécessaires à l'organisation de l'armée sur le pied de guerre. L'équipement de la garde nationale, les dépenses occasionnées par la guerre eussent alimenté les fabriques. Les commerces de consommation ne souffraient certes point. Nous ne sachons pas que l'on ait moins mangé, bu, couru, dormi, veillé, après Juillet qu'auparavant, peut-être même les messageries ont-elles gagné. Les préparatifs de guerre auraient donc augmenté les productions d'une immense quantité de commerces, réchauffé les transactions, et même entretenu le luxe, car toutes les manufactures se tiennent et prospèrent l'une par l'autre.

Alors, le gouvernement n'eût pas commis la plus lourde faute qui, de mémoire d'économiste, ait déshonoré une administration. Il s'agit des trente millions prêtés au commerce. Donner de l'argent à une industrie qui périt par pléthore, qui se trouve engorgée de marchandises, n'est-ce pas l'engager à produire encore? Il fallait moins prodiguer l'or aux

négocians que leur donner les moyens d'en gagner.
Il fallait créer des consommations, des débouchés,
et non pas des productions plus considérables.

En l'absence de toute discussion et en présence des
colléges électoraux assemblés, le cabinet aurait librement déployé ses moyens d'action. Le pouvoir
se serait fortifié par l'exercice même du pouvoir, il
aurait pu tendre à l'unité, et faire converger plus
facilement, vers une même pensée, les liens de l'administration.

Enfin, Bonaparte a péri faute d'hommes, il avait
tout emmené sur les champs de bataille, tandis que la
restauration a peut-être succombé sous le poids d'une
génération inoccupée; il fallait marcher entre ces
deux écueils. Or, la dynastie nouvelle, en entraînant
sur les frontières la turbulente jeunesse dont l'ambi-
tion n'a pas peu contribué à entretenir notre effer-
vescence, eût évité les criailleries, les sollicitations,
les plaintes, les mécontentemens de tant de jeunes
hommes qui tous dédaignaient une préfecture.

Dans le système d'une prompte agression et d'une
attitude hostile envers la Sainte-Alliance, il fallait
nécessairement organiser une armée. A cette pensée,
nous avons entendu beaucoup de gens, soigneux d'en-
terrer les fautes commises par les médecins inhabiles,
entre les mains desquels nous avons été mis depuis le
mois de juillet, prétendre que notre état militaire
nous interdisait la moindre démonstration belli-
queuse.

Il y a certainement incapacité ou mauvaise foi dans
ces assertions complaisantes.

Des journalistes, peu curieux de traiter à fond
cette question, ont répondu aux niaiseries bureaucra-
tiques par des peintures animées de nos campagnes

au commencement de la révolution, à l'époque où la France n'avait que des volontaires, des bataillons de réquisitionnaires, pris la veille au foyer paternel ; le lendemain, soldats........ Même en 1797, l'armée d'Italie n'avait ni souliers, ni vêtemens, ni pain.

En août 1830, nous étions loin d'un tel dénuement. M. de Caux a déclaré récemment à la tribune, et sans y être contredit, que nous avions 1,200,000 fusils, 400,000 armes blanches, 11,000 bouches à feu, 10,000 affuts, 8,000 voitures, 41,000,000 de cartouches, 5,000,000 de livres de plomb et 18,000,000 de livres de poudre.

Or, il me semble qu'il n'est pas besoin d'avoir fait un stage dans les bureaux de la guerre, pour concevoir que nous avions alors les élémens d'une lutte terrible. Les Polonais avec dix fois moins d'armes ont arrêté les armées russes, les ont vaincues, les ont détruites, et les malheureux n'avaient pas, comme nous, des peuples pour les seconder dans leur duel avec le colosse moscovite.

Mais sans chercher si la révolution de juillet a désorganisé l'armée autant qu'on se plaît à le dire, sans vouloir prouver que la garde royale et les Suisses ont seuls abandonné les drapeaux, nous aborderons franchement la question de l'organisation vive et prompte d'une armée, comme aurait dû le faire un ministère de mouvement en proclamant la guerre.

Nous ne parlerons pas de l'excessive célérité avec laquelle ont reparu les gardes nationales sur tous les points de la France, avec quelle magie les citoyens ont retrouvé des uniformes et des armes... Il a fallu un certain talent d'incapacité pour arrêter cet élan et pour comprimer la vigueur dont la population était animée. En ce moment, les régimens

fussent sortis de terre comme par enchantement.
Un homme de génie nous disait encore hier : « *La
France est un soldat!* »

Non, laissant de côté tous les miracles que
les gens à chiffres, à visière verte, à cartons et à
accolades, traitent de poésie, nous leur soumettons
un projet d'organisation, dont le mécanisme et la
simplicité triompheront un jour à la tribune de
tous nos préjugés militaires.

Rien n'est plus étrange que d'avoir un pied de
guerre de 438,000 hommes, avec une solde de paix
qui doit coûter par année 600,000,000. Cette situation excède nos revenus et ne nous permet d'em-
prunter qu'à des taux onéreux. Si la prospérité de
quinze années doit être dévorée par un jour de
guerre, et si toutes nos ressources sont incessam-
ment employées en dépenses militaires, en soldes,
la législation doit formuler autrement l'impôt levé
par la guerre sur la société, et le rendre moins
lourd par de sages, par de nouvelles combinaisons.

Il fallait donc que le gouvernement s'empressât de
renoncer à d'anciens erremens qui compromettent
à la fois et le pouvoir et la sécurité de la France. Il
fallait aborder franchement un système qui fût ap-
plicable au présent aussi bien qu'à l'avenir, qui ga-
rantît la paix aussi bien qu'il eût donné les moyens
de faire la guerre, si elle devenait une condition
d'honneur ou de sécurité. Ce système consistait tout
simplement à faire, pour nos armées, ce que la
Prusse a fait pour les siennes, en constituant notre
pied de guerre dans la garde nationale, comme cette
puissance la place dans sa landwehr.

Ainsi, après les événemens de juillet, hors de

tout esprit de parti, n'ayant en vue que le bonheur de la France, que sa tranquillité et nous pourrions dire sa gloire, un ministre habile eût dû commencer par proposer une loi de recrutement qui comprît à la fois et l'armée et la garde nationale; qui rendît ces deux corps homogènes, inséparables; qui les constituât de manière à ce qu'ils se prêtassent un appui pour tous les temps, comme pour toutes les circonstances.

Alors, nous n'eussions pas détruit nos cadres régimentaires, tant d'infanterie que de cavalerie; nous n'eussions pas consacré dans le génie et dans l'artillerie des organisations qui n'ont jamais été approuvées ni de l'armée ni de la majorité des corps auxquels ces spécialités appartiennent.

Dans un système de gouvernement en harmonie avec la révolution de juillet, il n'y a de possible que les guerres d'intérêt national, des guerres dont tous les citoyens reconnaissent sympathiquement la nécessité : alors les armées doivent être essentiellement nationales. Or, pour qu'une armée soit telle, il faut qu'elle soit levée et entretenue de manière à ne pas compromettre l'existence et la fortune d'un pays. Ou un peuple sera tout entier soldat; sa destinée sera, comme à Rome, la conquête, et tous les citoyens seront appelés à partager un immense butin; ou l'impôt levé par la guerre sera, dans une société moderne, considéré comme un malheur dont il faut alléger le poids, comme un service rare, mais franc, auquel tout le monde doit prêter le bras.

Or, si l'on examine l'organisation de l'armée actuelle et la composition de chaque corps; si l'on se rend compte de leur administration intérieure; si l'on assimile le nombre de nos troupes à celui que les autres puissances ont sur pied; si l'on compare les dépenses militaires des étrangers à celles que nous supportons, il sera impossible de ne pas reconnaître que notre pied de paix ne donne aucun moyen de faire la guerre; et que si les contingens venaient se réunir au pied de paix actuel, ils constitueraient un système financier si vicieux, que la France courrait les risques d'une affreuse banqueroute, s'il n'était promptement changé.

Dans la situation actuelle des choses, il faut considérer la guerre comme si elle devait être générale. Est-ce avec 438,000 hommes, qui n'en donneraient pas 300,000 en ligne, qu'elle peut être commencée? Assurément non. Il faut qu'une nation soit en état de lever pour sa défense au moins le trentième de sa population, ce qui suppose, pour la France, un million d'hommes et une dépense de deux milliards. A ce compte, trois ans de lutte ruineraient notre pays pour douze années.

Mais à qui prouvera-t-on que 80 cadres régimentaires pour l'infanterie, et 50 pour la cavalerie, 10 régimens d'artillerie et 3 de génie, puissent être suffisans? Aussi est-ce avec force et conviction que nous nous élevons contre tout ce qui a été fait au ministère de la guerre par esprit de routine et d'aveuglement. Des généraux peuvent être de grands guerriers et ne rien connaître en administration. Peut-être est-il plus facile de gagner des batailles que d'être homme d'état. Le talent d'un bon administrateur consiste précisément à ménager, à fournir, au moins de frais possible, les richesses d'hommes, d'argent, de matériel, si hardiment risquées et dépensées sur les champs de bataille. Les meilleurs ministres de la guerre, à la tête desquels il faut mettre Louvois, Choiseul, Saint-Germain et Carnot, n'ont point commandé d'armée. Entre le général du champ de bataille qui remporte la victoire, et le général sédentaire qui l'organise, il y a la différence de la recette à la dépense.

D'accord avec la plupart des soldats-économistes qui, au retour des guerres impériales, ont médité sur l'organisation fautive de notre état militaire, et l'ont comparée à celle de la Suède, de la Russie et de la Prusse, nous aurions donc proposé, au mois d'août 1830, de composer ainsi notre armée :

Créer 100 régimens d'infanterie de ligne à 3 bataillons, dont les deux premiers auraient été composés de 1,000 hommes chacun ; et le troisième, d'un cadre qui serait momentanément entré dans la garde nationale, pour l'instruction de deux autres bataillons de 1,000 hommes, soit que ces hommes appartinssent au contingent dû par la population en vertu de la loi de recrutement, soit que la garde nationale elle-même les prît dans la portion jeune et active mobilisée par la loi. Certes, cet appel de 200,000 soldats nationaux eût été facile à faire dans notre premier moment d'enthousiasme, et eût naturalisé tout à coup le système de la landwehr en France.

La population actuelle est si fertile et si intelligente que, parmi les citoyens, il se serait trouvé sans doute assez d'officiers et de sous-officiers pour instruire et permettre d'incorporer un troisième bataillon de gardes nationales aux régimens de ligne, et de former des dépôts régimentaires destinés à alimenter les bataillons de guerre. Cette organisation constituait un effectif d'infanterie de 400,000 hommes;

Savoir : 300,000 soldats prêts à entrer en campagne, composés de 200,000 hommes de l'infanterie de ligne et de 100,000 hommes de gardes nationaux; puis les 100,000 hommes des dépôts.

Une objection qui nous sera sûrement faite, c'est que tous les hommes qui appartiennent au contingent de l'armée ne font pas tous partie de la garde nationale : aussi leur incorporation n'y serait-elle que momentanée, et seulement pour leur instruction.

Pour la cavalerie nous eussions proposé :

60 régimens composés chacun de 1,000 cavaliers et de 500 chevaux, qui sont suffisans pour l'instruction de 1,000 hommes.

Quant aux 500 chevaux, qui eussent été nécessaires pour monter tous ces cavaliers en cas de guerre, chaque gendarme eût été chargé de fournir trois chevaux, y compris le sien, mesure qui a déjà été tant de fois employée, qu'elle n'est même pas susceptible de contestations.

En ce qui concerne l'artillerie, il aurait été facile d'adapter à toutes les gardes nationales de France, l'heureuse idée qui, primitivement, avait été conçue pour la garde nationale de Paris.

En ce qui concerne les troupes du génie, aucune augmentation n'eût été nécessaire, puisque 3 régimens excèdent les proportions actuelles des autres armes.

Ainsi l'on voit qu'en soldant seulement :

Pour l'infanterie 200,000 hommes, plus le cadre d'un troisième bataillon;

Pour la cavalerie 60,000 hommes, et ne nourrissant que 30,000 chevaux ;

Pour l'artillerie 20,000 hommes, et 15,000 chevaux ;

Pour le génie 5,000 hommes ;

Le gouvernement aurait obtenu un pied militaire de 500,000 hommes au lieu de 438,000, et une économie d'au moins *trois cents millions* que nous coûte la fausse et prétentieuse activité du ministère de la guerre ; car nous sommes en mesure de prouver, par des calculs irrécusables, la réalité des bénéfices de notre système, et de démontrer que la France paye de trois cents millions l'éphémère popularité d'un ministre. Aussi appelons-nous de tous nos vœux un examen approfondi sur notre organisation méditée par un lieutenant-général qui a toujours fait partie du conseil supérieur de la guerre.

Alors la garde nationale contiendrait toujours les élémens et les ressources du pied de guerre. Nous réaliserions ainsi la pensée singulièrement économique d'une armée nationale, dans ses foyers, et d'un cadre souple, élastique, pour ainsi dire, qui permettrait à la France d'étendre, d'après la jurisprudence militaire de nos voisins, le pied de paix au pied de guerre sans les accroissemens énormes de dépenses dont nous sommes les victimes.

En ce moment, nous jouons le plus triste jeu possible avec l'Allemagne et la Russie ; car là, où nous risquons un milliard, la coalition ne met sur le tapis que cinq cents millions au plus.

Au mois de juillet, après la destruction subite des abus de notre système militaire, l'organisation que nous proposons eût été soudaine et sympathique. Cette grande pensée eût été comprise, adoptée avec la rapidité de l'éclair. Aujourd'hui, les seules guerres possibles étant, comme nous l'avons fait observer, des guerres nationales, le peuple ne se battant plus pour ainsi dire que pour son propre compte, ce mécanisme militaire, inexécutable, chez nous, dans un système despotique, devient une chose toute simple, quand une assemblée et un gouvernement représentent réellement le pays.

Aussi, dans l'enthousiasme où nous étions, l'armée eût tendu la main à la Pologne, pendant que d'autres bataillons eussent à la fois marché vers l'Italie et le long du Danube. Ces routes-là nous redevenaient tout à coup familières; car chaque soldat, sentant sa brillante mission de gloire et de liberté, les baïonnettes eussent relui d'intelligence.

Devant une politique aussi ferme, une attitude aussi énergique, à ce pas agressif fait avec audace, en présence d'une nation conduite par les restes de nos gloires impériales, et peut-être par quelque grand capitaine qui sommeille dans les derniers rangs de l'armée, l'Europe ne se serait-elle pas au moins consultée? Les souverains, au lieu de marquer tant de répugnance à notre nouveau gouvernement, n'auraient-ils pas assemblé promptement un nouveau congrès de Vienne pour en réformer les actes? Epouvantés des révolutions de Belgique, d'Italie et de Pologne, qui eussent surgi tout à coup, les cabinets par lesquels nous avons été dépouillés auraient, sans effusion de sang peut-être, pactisé avec notre agression morale. Nous aurions obtenu maintenant nos frontières; la nouvelle dynastie eût gagné ses éperons, se serait popularisée, aurait recommencé Napoléon sans la tyrannie. Elle serait apparue aux peuples comme une protection sublime, comme une espérance. En quittant la tribune, Chateaubriand n'avait-il pas dit à cette monarchie de la veille : « *Il faut vivre de gloire ou de lois d'exception.* »

Un ministère vraiment national n'eût-il pas dû agir ainsi? Ces combinaisons législatives, ces mesures d'administration se commandent et se déduisent naturellement les unes des autres. Il n'y a rien là de bien merveilleux. Ce plan a été mille fois dit et pensé par vingt personnes sur cent, et c'est peut-être parce que le bon sens courait à pied dans les rues qu'il n'était pas avec les conseillers de la couronne.

Or, si l'on étend la politique des deux ministères et leurs actes parlementaires ou administratifs sur cette politique, il est facile de voir qu'elles n'ont rien de cohérent ensemble. Elles ne se touchent par aucun point. Jamais le cabinet du Palais-Royal n'a émis une pensée de mouvement. Il a vécu tant qu'il a pu sur l'enthousiasme des journées de juillet, sur les souvenirs de la révolution de 1789. Il ne s'est associé à celle de 1830 que par des paroles, et n'a vu d'autre lien entre elle et lui que la couronne, le seul anneau que, dans les premiers jours, il eût été politique de dorer par quelque gloire.

Mais la guerre n'était point la pensée de ministres qui se moquaient des principes de Juillet, qui les bafouaient en secret et les mystifiaient diplomatiquement. Ainsi Juillet triomphe malgré eux en Pologne; Juillet est battu par toute l'Italie; Juillet acceptait la Belgique, et nos ministres l'ont refusée. Ils ont fait du principe de non-intervention la jonglerie politique la plus odieuse, une sorte de paravent, derrière lequel ils se sont mis à genoux pour mendier la reconnaissance de la Russie. Ils ont voulu maintenir les actes du congrès de Vienne, au nom de *Louis-Philippe*, et en laissant la Belgique se séparer de la Hollande ?.... N'est-ce pas une pitié?... La maison de Bourbon avec laquelle nous divorcions, et la Belgique, comme place forte de la *sainte-alliance*, étant les clefs de voûte du système diplomatique bâti à Vienne, tout croulait alors devant la Belgique et la France libres. Mais notre politique s'explique facilement si l'on vient à penser qu'il se trouvait dans le premier cabinet trois hommes de la Restauration, et qu'aujourd'hui le nouveau ministère, si tant est qu'il soit nouveau, en contient quatre ! Aussi les lois présentées continuèrent-elles le système de la Restauration ? Des ministres posaient, au nom de la *liberté* et de la *patrie*, les questions de gouvernement pour lesquelles Charles X avait succombé. La Chambre était hostile à la presse, et il y avait dissidence entre l'extrême gauche et le ministère. La Chambre était grosse d'une Charte et d'une dynastie, voilà tout. Elle n'avait pas en elle assez de capacités pour enfanter un gouvernement. Peut-être avait-on peur de laisser se développer la vigueur que nous avions montrée en Juillet? Un fait constant, et qui ressort des journaux ministériels même, est une *indécision* réelle dans le gouvernement, d'où venait une faiblesse désorganisatrice, car la faiblesse est le résultat de l'indécision. Or, quel mal profond n'a pas causé l'oscillation du pouvoir ? Il n'y avait alors de certain que l'incertitude !

Comme tous les esprits faibles, alors le gouvernement n'a pas fait un acte qui n'emporte les caractères d'une demi-mesure. Il n'existe pas de loi qui soit virile, pas une qui soit complète. Elles sont toutes faites à la hâte; le lendemain, pour l'événement de la veille; et aucune n'a trait à la défense du territoire. C'est un pouvoir enfant qui jouait à tous les jeux, excepté à *la bataille*.

La loi sur la garde nationale fut nécessitée par l'enthousiasme des citoyens. — Ils avaient le sac sur le dos avant qu'on pensât à les mobiliser. Si le ministère de la guerre n'eût pas existé; si l'on eût laissé le peuple suivre son allure, il eût marché droit au Rhin; et, profitant de la stupeur européenne, la France aurait ressaisi elle-même ses frontières. Le 1ᵉʳ septembre, il y avait encore de l'enthousiasme; mais, le 1ᵉʳ novembre, il était déjà remplacé par une indifférence curieuse à observer. Les événemens de Belgique, ceux de Pologne vinrent réveiller nos sympathies, nous rendre un espoir de guerre après lequel nos imaginations couraient comme un vaisseau cherche la brise, mais le gouvernement se fatiguait à courir après les fantômes qu'il créait. Comment un ministère qui avait peur de dix hommes vus à la Glacière, d'un attroupement de cinquante ouvriers, et qui montait à cheval pour suivre une république fantastique, pouvait-il voir jusqu'aux frontières?..... — Les titres d'un roi sont sur les champs de bataille, et Louis XVIII, Charles X, eux-mêmes, savaient comprendre cette nécessité royale. Jamais plus belle campagne, guerre moins dangereuse à risquer pour un souverain, ne s'était offerte. La restauration la rêvait, nous disent les anciens ministres du roi déchu; et nos ministres, soi-disant nationaux, se sont refusés à prendre nos frontières naturelles, sous prétexte que les mines de charbon de nos banquiers, les draps et les calicots de je ne sais quels patriotes eussent été dépréciés. Enfin, nous avons menti à quatorze siècles de générosité, nous avons comprimé nos sympathies en n'allant pas au secours de la Pologne, en ne lui rendant pas le sang qu'elle nous avait prêté jadis. C'était tout à la fois une ingratitude et une faute.

Et ne croyez pas que cette dissidence entre le système puissant de la guerre et les actes du gouvernement soit une invention de libelliste; notre accusation, un mouvement oratoire. Voici les faits.

Au lieu de faire un manifeste qui nous relevât à nos propres yeux, la deuxième loi votée après celle sur les blessés est une loi de méfiance, elle prescrit un serment inutile; la troisième, sur les consignations commerciales, est une loi désorganisatrice, car elle révélait et proclamait une faillite générale. Au lieu de proposer un emprunt, le ministère demandait quoi?... cinq millions de crédit. Ces petits hommes donnaient ainsi leur mesure. — Ils perdaient un temps précieux à rappeler des bannis qui rentraient sans loi; à songer aux réélections, quand il fallait dissoudre les Chambres. Enfin, ils législataient comme par un beau temps de restauration, appliquant le jury aux délits de la presse, révoquant la loi du sacrilége tombée en désuétude, et donnant 3o,ooo,ooo au commerce. — Ils s'occupaient des grains, de la répression de la presse. Trois mois alors furent ainsi perdus. Rien n'annonçait que le gouvernement songeât à la haute question à laquelle son existence était soumise. — La loi sur les fortifications est du 3o mars, elle est d'hier. Il a fallu laisser tout dépérir pendant six mois, et nous avoir ruinés pour penser à demander 2oo,ooo,ooo aux forêts et des crédits extraordinaires. — Le 11 décembre, cinq mois après la révolution, le ministère pensait à faire un appel sous les drapeaux : il demandait... quoi ?... 80,000 hommes.—Ces hommes inhabiles s'occupaient de la puissance puérile exercée par les placards mis au coin des bornes, au lieu de penser à placarder la Charte de Juillet en Europe. Tout fut mesquin, étroit. — En lisant le bulletin de leurs lois, une âme généreuse étouffe comme un prisonnier dans un cachot trop petit. — Et ils ont accusé les patriotes d'avoir ameuté les citoyens... Le principe des rassemblemens était dans les mensonges perpétuels des ministres qui rétrogradaient plus effrontément encore que la restauration.

Voilà leurs actes, jugés relativement à une pensée de guerre qui, dans les premiers jours de notre nouvelle ère, consonnait dans tous les cœurs ; nous allons maintenant les traduire devant le système de la paix.

§ III.

DE LA RÉSISTANCE.

Il y avait certes de la hardiesse et une pensée gigantesque dans le système de la paix, ingénieusement nommé le parti de la *résistance*. Nous n'accuserons pas ici les hommes d'état qui conçurent cette sagesse, d'avoir voulu faire rebrousser chemin à leur siècle, nuire au progrès des idées et rapetisser la révolution.

Résister au mouvement, c'était laisser l'état social dans la situation prospère où la restauration l'avait mise, tout en le délivrant des incertitudes dont il était tourmenté. C'était reprendre les travaux, les embellissemens, les ouvrages commencés, et réaliser ce mot de représailles devenu populaire en un jour : — « Il n'y a que trois Français de moins! »

Mais, pour réussir dans une entreprise aussi vaste que celle de commander à un flot populaire, à une révolution, il fallait un homme de talent qui, tout à coup, prît hardiment les rênes de l'état. Cette immense pensée devient féconde dans un seul cerveau; mais, dans sept, elle est impuissante et stérile.

Une révolution promet toujours beaucoup plus qu'elle ne tient. Or, l'homme qui accepte l'effroyable fardeau du pouvoir, au moment où tout un peuple s'imagine ne plus avoir à sentir le pouvoir, doit, pour faire passer une nation de l'anarchie momentanée de son insurrection, à un état d'ordre, se réserver au moins la faculté d'agir librement et promptement; car, plus la commotion a été vive, violente, et plus il faut de despotisme pour restituer à la chose publique les caractères de la paix et de la tranquillité. Ainsi, lorsqu'une révolution ne marche pas droit à la guerre, situation exceptionnelle où les sacrifices paraissent naturels aux citoyens et qui ne leur permet pas de voir la dissemblance existant entre leurs espérances et les effets, la conséquence immédiate d'un mouvement qui gravite à la paix, est une sorte de dictature.

Si ce raisonnement est juste, le *lieutenant-général du royaume*, nommé au mois de juillet, devait, lui ou son ministère, se procurer deux mois de tyrannie, au profit du roi *Louis-Philippe* et du salut de la France : puisqu'ils recevaient des conditions, ils pouvaient, certes, bien en stipuler les clauses nécessaires à l'assiette d'un gouvernement

Alors, pour proclamer hautement le système de la paix, la Chambre elle-même aurait accepté les traités de 1814-1815, parce qu'il n'y avait pas d'alternative entre les déchirer ou s'y soumettre. Cet acte de prudence eût pris un caractère national et n'aurait point laissé au gouvernement la responsabilité d'un système à chercher à travers mille tâtonnemens. Indiquée par la majorité, la politique du ministère eût été inattaquable.

Il n'y avait point à hésiter. Ou la Chambre était investie des pouvoirs nécessaires pour faire un roi, ou la nation la reniait comme interprète de ses vœux. La première hypothèse ayant été adoptée, il fallait demander à la législature toutes les ressources nécessaires pour intrôniser, avec la royauté nouvelle, le système sans lequel elle ne croyait pas pouvoir exister.

Puisqu'il était dans la destinée du cabinet de tromper la nation avec les grands mots de *protocole* et de *non intervention*, au moins devait-il tromper avec habileté, au profit du pouvoir et du peuple tout ensemble ; car ce que la France pardonne le moins c'est la faiblesse et la niaiserie : Napoléon et Charles X sont là comme deux exemples.

Alors, il fallait combiner des mesures législatives qui eussent représenté l'équivalent d'une dictature. Or, le despotisme se résolvant toujours par l'absence de toute discussion et par un grand pouvoir financier, un véritable homme d'état aurait eu pour but :

D'étouffer, sans compromettre sa popularité, l'antagonisme de la presse, d'éteindre les discussions stériles de la tribune, et d'avoir un immense crédit extraordinaire.

Puis, il eût nécessairement fait, dans son gouvernement, un lit de repos, au mouvement de la grande semaine.

De là, quatre mesures promptes et décisives :

Présenter une loi d'élection qui eût donné toute espérance à la nation, en réalisant le vœu d'une représentation réelle émis par la France. Il fallait incarner le pays dans l'électorat en considérant *la famille* comme la première aggrégation sociale ; puis la commune, le canton, l'arrondissement et le département. Un homme habile eût fractionné le mouvement électoral. Tous les *chefs de famille*, frappés d'une contribution quelconque, eussent donné mandat à des *électeurs*, payant un cens sagement déterminé, pour nommer, par canton, un *député* auquel la loi n'aurait imposé que l'obligation d'avoir vingt-cinq ans, de n'être frappé d'aucune incapacité, et ces incapacités étaient faciles à prévoir. L'électeur, offrant seul les garanties qui se résumaient dans le député, devait payer seul un cens, tenir au sol, à l'industrie, à la pensée. N'était-ce pas faire surgir une assemblée des entrailles même de la nation?...

Ainsi, la part de la révolution de juillet était large. En constituant une assemblée sur ces bases, le pouvoir léguait à l'avenir les moyens de réaliser, sans secousses, les promesses de la révolution; tandis que, pour le moment présent, il obtenait, en retour de sa franchise, trois mois de silence et de tranquillité.

La dissolution de la Chambre étant la conséquence de cette loi, faisait taire le parti qui voulait, logicien rigoureux, la destruction d'une législature dont le mandat devait être renouvelé.

Alors il [fallait apporter à la fois un budget et proposer un emprunt.

Présentées simultanément, ces trois lois répondaient à trois nécessités. Le code électoral apaisait la révolution et dissolvait les Chambres; le budget permettait de ne pas interrompre le cours des choses administratives; l'emprunt comblait le vide du trésor. Ne fallait-il pas un emprunt pour organiser une armée nationale, pour jeter la population dans de grands travaux industriels, pour continuer les canaux commencés et en ordonner de nouveaux, s'il en était besoin.

Au moment de la révolution, trois projets, étudiés par d'habiles ingénieurs, embrassaient trois bassins sur cent quatre-vingt-six lieues de longueur, à savoir : le canal latéral à la Basse-Loire, le canal de l'Essonne et le canal latéral à la Loire-Supérieure. Deux de ces entreprises avaient leurs capitaux prêts; mais, à la honte éternelle de notre système de centralisation, les projets sont encore en question devant un *conseil des ponts et chaussées*, que nous signalons comme le plus admirable *rémora* de l'industrie et des progrès. Ne devait-on pas, loin de les entraver, faire des concessions avantageuses aux concessionnaires, et même leur prêter de l'argent pour aider des entreprises si nécessaires à notre prospérité intérieure, et qui offraient des garanties réelles, des sûretés hypothécaires par leurs terrains et leurs constructions. En un mot, il fallait travailler sur toutes les routes de terre, de fer et d'eau.

L'emprunt, si petit qu'il fût, empêchait la baisse des fonds; car, en août, il eût été conclu à 95 francs au moins; alors, les étrangers n'eussent pas retiré leurs capitaux, et l'argent n'aurait pas déserté notre marché.

La dissolution de la Chambre eût laissé le gouvernement libre d'agir sans être obligé de venir chaque jour se commettre avec les ambitions de la tribune. Croyez-vous que durant l'intervalle d'une session à l'autre, pendant les préoccupations électorales, vous eussiez eu devant vous le parti de ces avocats qui veulent recommencer Robespierre? Dans le calme, un ministère aurait destitué vingt préfets sans bruit et sans scandale. Fonde-t-on un système de gouvernement en allant chaque jour se justifier à la tribune de ses actes bons ou mauvais?

Enfin un ministre habile eût réduit la liberté de la presse à jouer le rôle d'un roi constitutionnel:

inhabile à faire le mal, instrument perpétuel du bien social.

Aujourd'hui la presse représente toute l'intelligence humaine, et la civilisation elle-même. Elle est impuissante et vide aussitôt qu'elle plaide pour un intérêt fictif. Elle doit, pour vivre et pour être un pouvoir, parler au nom d'un besoin. S'exprime-t-elle dans un intérêt personnel? nous ne l'écoutons pas. Sentinelle active, elle remplace la police, protège tous les citoyens, comme cela se voit merveilleusement en Angleterre. La presse est donc une puissance à laquelle il faut obéir, car elle est l'expression de la volonté générale qui vous fait roi ou vous nomme ministre. Le journalisme est la *gueule* de bronze où, jadis, le sénat de Venise puisait sa sagesse. Aujourd'hui, les journaux sont des commis qui discutent d'avance, au profit du pouvoir, tous les actes du gouvernement, les pressentent, les lui indiquent, espèce de *junte* perpétuelle. La condition d'un ministre est donc de lire, tous les matins, l'immense rapport que lui font des hommes du premier mérite, et de choisir le meilleur avis. Il n'y a donc plus de civilisation, de gouvernement possibles sans le journalisme. Il faut le subir comme on subit l'intelligence elle-même, car il est la *raison* des peuples. Mais entre écouter un conseil, et se trouver écrasé par une puissance, il y a toute la distance de l'anarchie à l'ordre. Une extrême liberté tue la liberté. Voilà la maxime la plus vraie que nous aient léguée le révolutions. La restauration a succombé pour ne l'avoir pas comprise. Défendez le *Bon sens du curé Meslier*, il s'en vendra par milliers; laissez-le vendre, le public n'en voudra plus. Selon nous, émanciper la presse c'était lui ôter sa force. Douze journaux qui se partagent la France, sont douze pouvoirs aussi forts, plus puissans même que les sept ministres, car ils les renversent et restent toujours debout; tandis que cent journaux ne sont plus à craindre, parce que leur influence est salutaire et nullement nuisible. Cent journaux à mille abonnés ne sont rien, mais dix journaux à dix mille abonnés sont tout, dans un état.

Il fallait donc, dans l'intérêt de la civilisation et de l'instruction, renoncer aux trois ou quatre misérables millions que rapportent les journaux; les libérer du timbre; ne leur demander qu'un centime de droit de poste, ne point exiger de cautionnemens; arriver à faire éclore un millier de journaux; et surtout, ne jamais les persécuter. Un procès fait à propos d'un article n'est pas seulement une niaiserie, c'est une faute. Un homme de talent persécuté est toujours plus fort que le pouvoir. En sacrifiant donc 4 millions d'impôts faciles à retrouver, un sage calculateur politique eût détruit le journalisme. Il aurait vu naître autant de feuilles publiques que d'intérêts, que de nuances d'intérêts, et le ministère eût pu, à vil prix, contrebalancer les effets de la presse par des publications peu coûteuses. Nous écoutons un homme seul à la tribune; qu'il y en ait dix, et personne ne leur prêtera l'oreille. Faites crier à un sou dans Paris, tous les jours, l'opinion publique, bientôt nous passerons tous devant sans y prendre garde, et, au lieu de réfléchir la pensée d'un journal, chaque citoyen aura la sienne propre à exprimer. Or, il n'y a que la réunion de toutes les pensées qui soit dangereuse, et cette force énorme a été soigneusement érigée en priviléges par le ministère. Il nous a semblé voir des malades entretenant le mal qui les tue. Notre système fut adopté au commencement de la révolution et l'action de la presse y était nulle. Aujourd'hui, elle doit être un moyen de gouvernement; c'est une institution qui, en paix, aide la civilisation, et, en guerre, remplace la voix terrible de Danton pour pousser tout un peuple à la défense de son territoire.

En se délivrant ainsi de l'antagonisme des journaux et des éloquences de la tribune, un gouvernement eût pu marcher dans sa force; car il se serait constitutionnellement emparé de toutes les hautes positions nécessaires au pouvoir. Au lieu de jeter toute la population aux frontières, il l'eût précipitée dans le travail. N'était-ce donc rien que la colonisation de l'Afrique à continuer, une marine à faire, des routes et des canaux à entreprendre. Il y avait une immense bonne volonté en France au mois d'août, nous ne connaissions alors ni carlistes, ni légitimistes, ni républicains, ni mouvement, ni résistance.

L'incapacité ministérielle a créé ces partis, par une foule de fautes graves.

D'abord, le ministère a commis l'incroyable imprudence de ne pas faire évader les anciens ministres. Fouché eût certes, dans cette occurrence, savamment conspiré contre lui-même, afin de ne pas avoir à soutenir un semblable procès. Il valait mieux se faire une blessure que de risquer son suicide. Un homme habile n'eût donc point eu à combattre les émeutes de décembre et à plaider son existence dans les rues, à marchander la paix avec des inconnus.

Puis, quand un homme veut faire reposer un pays encore tout tremblant d'une tourmente, et lui procurer la paix, il a soin de n'y menacer aucune existence. Or, le lendemain de son avénement, le nouveau pouvoir s'est menti à lui-même, et s'est aliéné une grande quantité de familles et d'intérêts.

Le principe de la révolution de juillet, relativement à la royauté, n'était-il pas de substituer *l'hérédité* à la *légitimité, l'élection* au *droit divin?* L'hérédité devenant une institution fondamentale, devait être sacrée partout où elle se rencontrait. Or, elle n'était nulle part que sur le trône et à la Chambre des pairs. En la consacrant pour la Royauté, la loi la mettait en question pour la pairie. Ce fut plus qu'une inconséquence.

Des existences acquises furent brisées sans respect pour les droits des tiers. La Chambre des députés bannit Charles X pour s'être parjuré, et la Chambre se parjura. En véritable justice, n'était-ce pas chose évidente que la faculté donnée au roi par la Charte de 1814, de faire des pairs à volonté? Or, les pairs créés par Charles X étaient, certes, légitimement nommés, et jamais droit ne fut mieux acquis que le leur.

Ou la Charte a été violée depuis dix ans, et tout est illégal en France dans cette période décennale ; alors, il faut renier le trois pour cent et rayer les 400,000,000 de la guerre d'Espagne; ou il faut accepter tous les actes de législature jusqu'au 25 juillet. Dans ce système, les pairies détruites et les fonds communs étaient aussi sacrés que les rentes de trois pour cent inscrites au grand livre.

En laissant attaquer une centaine de familles considérables, dont les droits étaient inattaquables, auxquelles une loi ne pouvait pas ôter une existence qui ne dérivait pas d'une loi, mais d'une charte, le gouvernement a semé tout à coup les germes d'une fatale discorde. Ce jour là, il y eut des légitimistes et des mécontens.

Expliquons-nous : Ou la France voulait être en république, ou désirait rester monarchie constitutionnelle. L'élection de Louis-Philippe a tranché la question. Alors il n'y a pas de monarchie constitutionnelle possible, ni de royauté durable sans une chambre héréditaire. Quand Richelieu abattit la féodalité, quand Louis XIV se soumit la noblesse, quand Louis XV détruisit les parlemens, ils renversèrent les pouvoirs intermédiaires qui séparaient le trône du peuple. Or, quand un roi se trouve en présence d'une nation, il est bientôt dévoré par elle. Il doit nécessairement périr. A quoi nous servirait l'histoire, si ce tableau concis devait être contesté? Mettre un roi seul devant son peuple, c'est le livrer à de prochaines fureurs, le prédestiner au martyre; car sa souveraineté et celle de la masse sont incompatibles. L'une des deux est la plus forte et tue l'autre. Égales, il y a une lutte perpétuelle dans laquelle les avantages remportés mènent à une haine qui se termine par un duel à mort.

Résoudre le gouvernement par une assemblée unique et un trône, ou par un trône et deux assemblées dont le principe serait également l'élection, système qui aboutit à fractionner seulement la même assemblée, n'est-ce pas recommencer volontairement nos malheurs?.......

La Chambre des Pairs dont nous n'aimons pas plus les priviléges, que nous n'aimons l'impôt ou l'obligation de quitter nos études pour marcher à la frontière, est donc une nécessité de notre gouvernement. Elle constitue une sphère intermédiaire qui garantit le trône des séditions ; c'est un pouvoir modérateur, et il sera grand et fort, comme un contre-poids qui doit balancer toute une machine.

Dans cette chambre seulement, se trouvent les garanties de stabilité que réclament tous les propriétaires. Aussi, les titres devraient-ils être réservés aux pairs, et leurs richesses seront-elles héréditaires, parce qu'elles sont un gage d'indépendance.

L'organisation d'une pairie nationale est une question de détail que nous traiterons ailleurs.

Ici, nous sommes logicien sévère et sans passion ; nous remplissons un devoir de conscience, et nous jetons la voix de l'expérience à travers les vœux insensé d'une foule passionnée, au risque d'être accusé d'aristocratie, quoique nous ne soyons que sincèrement historien. Nous prenons la société telle qu'elle est et nous ne la faisons pas.

L'aristocratie, si tant est que ce mot soit vrai en France où elle ne représente aucun privilège, avait abandonné la branche aînée des Bourbons avec assez d'insouciance. Elle était ou lâche ou de bonne foi.

Lâche, elle était perdue en France ; de bonne foi, son influence devenait précieuse au nouveau gouvernement ; mais sa méfiance a été tout-à-coup justifiée par l'attaque inconsidérée que se permit la chambre élective contre la chambre héréditaire. Abattre la pairie ou la mettre en question, c'était pour la plus forte partie de la haute propriété, jeter les fondemens d'une république. Alors, le parti des légitimistes a pris de la consistance, parce que, pour eux, la *légitimité*, l'*hérédité*, la *pairie* n'est que le symbole de *sécurité*, de *stabilité*.

L'orateur qui a défendu l'inamovibilité de la magistrature aurait dû, pour être conséquent avec lui-même, protéger la pairie. Un homme d'état qui eût voulu détruire *l'hérédité* dans la chambre haute, aurait dû, en juillet, la respecter comme on respectait l'ordre, et par la même raison que l'on rétablissait la garde nationale.

En cherchant à réaliser toutes les économies que promettait la chûte d'une administration accusée de gaspillage, un premier ministre eût naturellement adopté le système d'organisation militaire que nous avons développé dans le paragraphe précédent. Or, comme le principal avantage de ce cadre est de tenir un pays toujours prêt à passer d'un état de paix économique, à un immense développement de forces militaires en cas de guerre et sans de grandes dépenses, le parti de la guerre n'eût réellement pas existé.

Nous croyons avoir démontré jusqu'à l'évidence, qu'en prenant les mesures d'ordre dont nous avons présenté l'ensemble, un ministère eût facilement maintenu le pays dans un état de paix. Quelle est la cause de nos émeutes ou de nos oscillations qui ne se trouve éteinte par la puissance de ce système énergique? En demandant à la chambre un Roi, une charte, un budget, un emprunt, un code électoral transitoire et une loi de recrutement, la dissolution de la législature eût été pressentie par la France; et alors, le parti, qui dénie à la Chambre la légalité de ses actes, eût gardé le silence. La dissidence entre l'extrême gauche et le gouvernement aurait-elle éclaté, si la chambre eût franchement accepté les traités de 1815? En laissant juger les ministres par contumace, auriez-vous eu les émeutes? En ne livrant pas la Chambre des pairs aux hasards de l'avenir, eussiez-vous eu la bouderie du faubourg Saint-Germain? En ne touchant à aucun des droits consacrés par les lois, auriez-vous subi le mécontentement des carlistes? Armés d'un large emprunt, n'auriez-vous pas pu soulager le commerce? En l'absence des Chambres et avec les mille journaux qui seraient nés de l'émancipation complette de la presse, n'auriez-vous pas sans danger rejeté la responsabilité des déterminations relatives à la Belgique sur la Chambre nouvelle? N'ayant de parti ni de mouvement, ni de résistance, ni de légitimistes, ni émeutes, la rente aurait-elle failli? Nulle incertitude n'existant sur le plan suivi par le ministère, les transactions eussent-elles été subordonnées aux renaissantes émotions d'un gouvernement qui ne marchait dans aucun sens? En laissant attendre d'une Chambre nouvelle, les améliorations demandées, chaque intérêt n'eût-il pas été endormi dans ses exigeances? En laissant la lettre de M. de Kergorlay se perdre dans le torrent de la presse, qui passe si rapide, le roi, la dynastie eût-elle été mise insolemment en question par un tribunal? Assis sur la force d'une landwehr nationale, et sur 1,200,000 baïonnettes, notre diplomatie n'eût-elle pas été bien venue à dire au nom d'un peuple prospère et tout armé :

— Nous maintenons les traités, même honteux, mais malheur à vous, si.....

Aucun des actes ministériels ne se rattache réellement à un plan de paix. L'idée de la résistance a été plutôt un thème oratoire qu'un système. Les premiers hommes qui arrivèrent au pouvoir se noyèrent dans je ne sais quels détails petits, au lieu d'annoncer un ensemble, une pensée mère. Ils ont tout à coup voulu savoir si le gouvernement avait des ennemis? Ils ont demandé un serment, niaiserie usée! C'était douter de soi-même. Ils discutèrent au lieu d'agir; les uns voulant s'appuyer sur la révolution, les autres cherchant à la comprimer. C'était se défier du peuple. Ainsi, tout à coup, la haute propriété, l'administration et le peuple furent menacés, dans la *pairie*, par le *serment* et par la volonté que manifestèrent les ministres de résister à ce qu'ils nommaient *le mouvement*. Or, la France est de tous les coursiers le plus intelligent et le plus habile à reconnaître si le cavalier qu'elle porte est capable de manier ses rênes. Elle le jette à terre dans une ornière de plaisanteries où il se couvre de ridicule. Ici, la moindre incapacité produisait une effroyable misère. Or, la misère est venue. Les partis ont été créés par le ministère. Un parti prend toujours un gouvernement en faute, car pour être *parti*, pour exister, il doit répondre à un besoin méconnu, à des intérêts froissés. Or, nous avons montré clairement les *existences* que les actes ministériels ont inquiétées?

Le ministère a été une espèce de gymnase où chacune des célébrités du libéralisme, vieillie par la révolution de 1830, est venue tirer au mur, manquer de touche, et sortir appauvrie de sa gloire, sans avoir fait le moindre bien au pays. La petitesse de ses actes en présence d'événemens si grands, a déconsidéré un gouvernement dont le début devait avoir je ne sais quel charlatanisme de force et de précision. Jeune, il était déjà vieux. Aussi naguères, le pouvoir était à l'encan, et les portefeuilles se colportaient d'hôtel en hôtel.

Fatigués d'oscillations sans résultat, de belles phrases sans systèmes et de tant d'hommes d'esprit sans plan, sans idée fixe, nous tombâmes dans une effroyable indifférence. Peu nous importe que le gouvernement se discute au Palais-Royal ou dans le comptoir d'un banquier, nous ne croyons pas à un gouvernement qui, dans trois mois, sera refondu, sera saisi par quelque main puissante et jeune; car la France est lasse des embrassemens de tant d'eunuques politiques.

En nous résignant au système de la résistance, nous obéissions à je ne sais quel épouvantable égoïsme de nation. Puisque nous imitions le cabinet de Saint-James, qui traduit toutes les questions continentales par une équation algébrique et cherche ce qu'elle y peut gagner, au moins fallait-il avoir tous les bénéfices de la lâcheté.

La faiblesse est ordinairement rusée, c'est une femme : or la nôtre a été sotte. Enfin nous avons été plus agités que si nos armées eussent marché sur l'Elbe et sur le Danube; notre commerce a été plus maltraité en paix, qu'il ne l'eût été en guerre; nous payons les contributions de guerre, et nous n'avons pas un seul des bénéfices de la paix.

Quelle paix! elle nous coûte un milliard de dépréciation sur notre capital social, six cents millions de dépenses extraordinaires, et des impositions odieuses.

Les ministres ont essayé de justifier les inconséquences de leur conduite en les expliquant par l'instabilité des évènemens extérieurs. Singulier syllogisme! Ils refusaient de sympathiser avec les révolutions qui surgissaient quand on les leur montrait comme des auxiliaires de notre agression, prétendant que nous devions rester indifférens à ces mouvemens, et ils y voyaient la cause de nos troubles intérieurs.

Tout en gouvernant pour la paix, nos ministres ont créé deux oppositions : l'extrême gauche et la droite. Ne valait-il pas mieux marcher dans sa force, appuyé sur une des deux oppositions; car le centre est un moyen de gouvernement et non pas un système. Ainsi, le ministère a mis le pouvoir dans l'ornière de la restauration. L'une des deux oppositions doit nécessairement grandir; car il est dans la nature des oppositions de s'appuyer sur l'avenir, tandis que le gouvernement ne voit que le présent. Si le ministère continuait de marcher dans ce système il trouverait un autre Holy-Rood au bout. Aujourd'hui les trônes ne périssent plus dans le sang, mais par l'indifférence. C'est une espèce de conspiration en plein jour, publique, qui ne sait verser que des mépris, et sa voix est le silence.

Les actes du ministère ne répondent donc ni à un vrai système de guerre, ni à un franc système de paix; aussi l'opinion a-t-elle spirituellement nommé la pensée du gouvernement un *juste milieu;* c'est-à-dire, une ligne également éloignée de la paix et de la guerre, un principe tournant sur lui-même, et qui, dans la sphère politique, se trouve à l'extrémité de toutes les extrémités.

Nous allons donc examiner maintenant quels sont en ce moment les résultats de ce gouvernement bicéphale, auquel nous avons dû la *monarchie tempérée par des émeutes.*

§ IV.

DU JUSTE MILIEU.

L'histoire de la restauration nous montre la branche aîné assise au milieu d'un dilemme.

La *camarilla* disait au roi : « Si vous cédez une fois au libéralisme il vous mènera de concession en concession jusqu'à l'échafaud, parce que le libéralisme est la révolution masquée. Ne recommencez donc pas Louis XVI....»

Les ministres constitutionnels s'écriaient : « Sire, vos amis vous conseillent d'abolir la Charte, et la Charte est votre sauvegarde. Régnez et ne gouvernez pas. Laissez l'opinion vous désigner vos ministres, suivez les vœux de la Chambre, et appuyez-vous franchement sur la nation, car le lendemain du jour où vous serez roi absolu, soupçonné seulement de le vouloir devenir, vous serez déjà parti pour un nouvel exil. »

Entre l'échafaud et Hartwell, la restauration était mal à l'aise. Elle a tenté de suivre les chances du système qui flattait le plus ses souvenirs.... Elle est à Edimbourg.

De cette grande leçon est née le plan, assez logique en apparence, qui consiste à ne se laisser dominer par aucune des deux puissances aristocratique ou populaire. Nous traduirons mieux cette haute pensée, en disant que c'était se confier au gouvernement *de la majorité*. Ce système a le malheur de n'être juste que dans un an d'ici.

Si la Chambre prochaine est une exacte représentation des intérêts nationaux, si elle est une fidèle image de l'opinion publique, la majorité sera certainement le meilleur guide à suivre. Mais en août 1830, les 221 députés envoyés pour défendre la petite liberté que Charles X voulait nous reprendre, ne représentaient plus la nation de 1831. Ils étaient les mandataires de la France abattue, garottée, royaliste, et ne paraissaient pas être ceux de la France délivrée, indépendante. Alors le juste milieu fut une erreur, car il n'était pas prouvé que les centres expriamassent la majorité du pays.

Ne procédant que par tempéramens en politique, ce système devait tantôt donner des gages au parti du mouvement, tantôt à celui de la résistance. Alors, tour-à-tour, caressés, mystifiés ou poliment persécutés, les partis et les intérêts ont pris de la consistance autant de leur triomphe que de leur disgrâce ; et, toujours effrayé de la mission de force dont l'investissait l'un des deux partis, ou voulant obéir aux vœux d'une bonté niaise, ce *gouvernement bon-homme* a trouvé des ennemis là où il aurait dû ne rencontrer que des défenseurs. Les intérêts se sont dessinés, et trois mois après avoir réuni tous les esprits, le gouvernement a eu à combattre deux oppositions également exigeantes.

Dans cette situation, la petite camarilla d'épaulettes bourgeoises ou les hommes d'état de comptoir qui ont si malheureusement fondu comme des sauterelles autour de ce jeune trône, auront fait observer que Napoléon, après s'être servi des républicains pour arriver à l'empire, les avait aussitôt persécutés, comprenant que les hommes monarchiques étaient les seuls soutiens sincères d'un monarque, parce que du *principe-roi* dépendent leurs existences, leurs vanités et la stabilité. — Mais en voulant faire parodier l'usurpation de Napoléon, les ministres imitèrent le Directoire.

Forcés de persécuter en apparence les légitimistes pour ne pas mécontenter les principes de Juillet, le parti monarchique ne tint pas compte d'une protection sourde, et vendit fort cher ses mépris.

Là où Napoléon avait trouvé des valets, nos ministres voyaient des maîtres. L'extrême gauche conçut quelques défiances, et des actes maladroits les confirmèrent. La démission de M. de Lafayette marque cette nuance de notre état politique.

Alors le gouvernement du juste milieu entassa faute sur faute, et nous plongea dans l'abîme où nous sommes.

Le nouveau pouvoir devait son existence aux sociétés, et il les persécutait; il appartenait, par son origine, à l'extrême gauche, et il luttait contre l'extrême gauche; la liberté de la presse était la mère du trône, et la presse est traitée moins favorablement sous la Charte de 1830 que sous l'empire de celle de 1814.

La république n'était nulle part, la justice la voyait partout; les carlistes sont partout, le gouvernement n'en voyait nulle part.

Le plus grand tort de ce système est d'avoir fait de la révolution une espèce d'adjudication du pouvoir au rabais; pour les uns il n'y avait pas de trône, et pour les autres il y en avait trop.

En ce moment il y a peut-être plus que des répugnances entre le ministère actuel et l'extrême gauche.

Or, tirons les conséquences sévères de cette situation que la tribune a nettement dessinée.

N'est-il pas possible qu'un événement quelconque, la guerre, par exemple, ou que l'esprit de la Chambre nouvelle force, même en paix, le gouvernement à s'appuyer franchement soit sur les opinions de la droite, pour faire triompher la résistance, soit sur la gauche pure pour donner de l'énergie au peuple jeté dans les hasards d'une guerre?

Alors, en prenant ses auxiliaires dans la droite de l'assemblée, le ministère tombera un jour devant la nation, parce qu'il suivra fatalement les doctrines anti-populaires. Et que n'entraînera-t-il pas dans sa chute? Si le gouvernement se livre à l'extrême gauche qu'il aura méconnue, il sera peut-être dévoré par elle; mais peut-être aussi les débats seront-ils alors des questions d'hommes et non de principes.... Dieu le veuille!...

Maintenant reste une dernière chance, celle d'une immense majorité nationale en faveur de l'un des deux systèmes, soit celui du mouvement, soit la résistance; mais alors que deviendra l'administration actuelle dont les actes ont été de perpétuels mensonges, ou des grimaces faites à l'une ou l'autre de ces deux pensées?

Jugez!...

FIN.

Note. Cette enquête, embrassant la politique générale suivie par le ministère, est, en quelque sorte, le préambule de quatre autres Enquêtes que nous publierons sur les relations extérieures, les ministères de la guerre, des finances et de l'intérieur. Elles paraîtront de quinzaine en quinzaine.

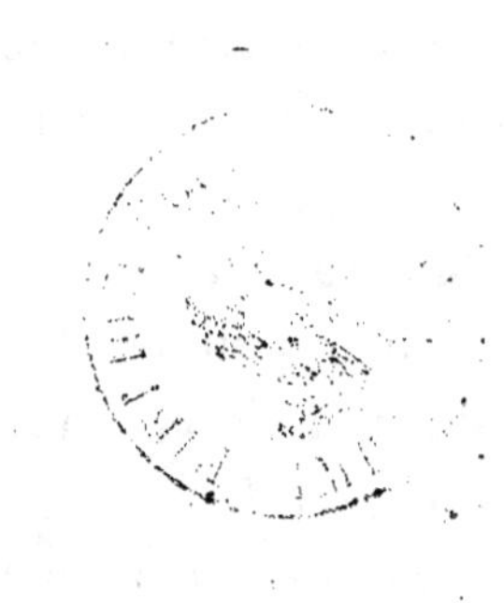

www.ingramcontent.com/pod-product-compliance
Lightning Source LLC
La Vergne TN
LVHW021827170726
843503LV00007B/3355

9 782329 675718